Grandes Découvertes | numéro 14

AF375629

ROALD AMUNDSEN
ET LA COURSE AU PÔLE SUD

— La passion de l'exploration polaire

par Mélanie Mettra

50MINUTES

Avec la collaboration de Jonathan Jackowska

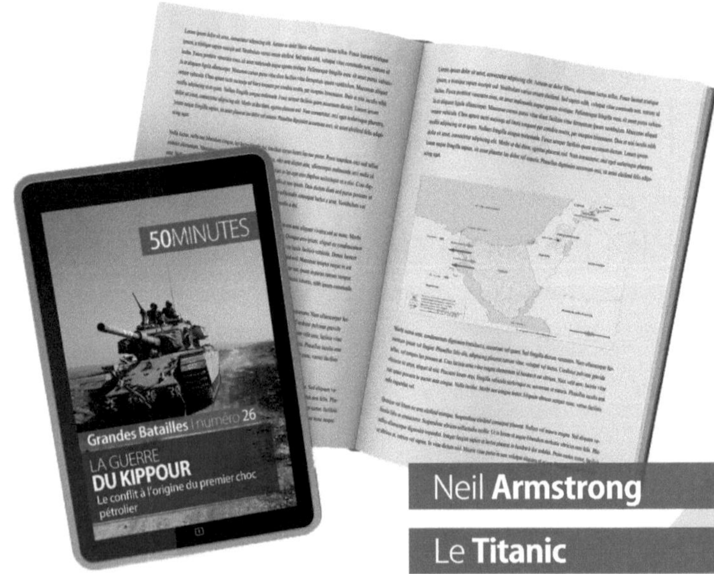

50MINUTES

DEVENEZ INCOLLABLE
EN HISTOIRE !

Neil **Armstrong**

Le **Titanic**

George **Washington**

Christophe **Colomb**

Jacques **Cartier**

www.50minutes.com

ROALD AMUNDSEN ET LA COURSE AU PÔLE SUD

- **Naissance ?** Le 16 juillet 1872 à Borge (Norvège).
- **Mort ?** Le 18 juin 1928 dans la mer de Barents (Norvège).
- **Buts des expéditions ?**
  - Être le premier homme à atteindre les pôles Nord et Sud.
  - Franchir les passages du Nord-Ouest et du Nord-Est.
- **Régions du monde explorées ?** L'Arctique et l'Antarctique.
- **Exploits notoires ?**
  - Le franchissement du passage du Nord-Ouest.
  - L'hivernage arctique.
  - La conquête du pôle Sud.

À la fin du XIXe et au début du XXe siècle, l'heure est à la conquête des pôles. Comme lors de l'épopée de la découverte du continent américain, ce sont les progrès techniques qui accélèrent un processus déjà ancien. En effet, les régions arctiques ont déjà fait l'objet de nombreux voyages : du navigateur grec Pythéas qui découvre, au IVe siècle avant J.-C., la Thulé, quelque part entre le Groenland et la Norvège, à l'exploration des terres canadiennes par les Vikings, menés par l'explorateur Leif Erikson (vers 970-vers 1020), au premier siècle de notre ère, puis par les Français et les Anglais aux XVIe et XVIIe siècles.

L'Antarctique reste quant à lui *terra incognita* (« terre inconnue ») jusqu'au milieu du XIXe siècle. Si James Cook (navigateur britannique, 1728-1779) effectue une circumnavigation des terres australes et en décrit les glaces sans jamais apercevoir le continent antarctique, il faut attendre l'année 1820 pour que l'Anglais Edward Bransfield (capitaine de la *Royal Navy*, 1785-1852) explore et revendique au nom de la couronne britannique les îles Shetland du Sud, situées à environ 150 kilomètres de la péninsule Antarctique, près du Cap Horn. Et ce n'est que 20 ans plus tard, en 1840, que le navigateur français Jules Dumont d'Urville (1790-1842) pose pour la première fois le pied sur le continent. La conquête des pôles est alors lancée, et le Norvégien Roald Amundsen fait partie de ces conquérants du froid. Devancé par Robert Peary (explorateur américain, 1856-1920) à la course au pôle Nord, il prend sa revanche en remportant celle vers le pôle Sud, après avoir franchi, le premier, le célèbre passage du Nord-Ouest, reliant les océans Atlantique et Pacifique.

BIOGRAPHIE

UNE PASSION POUR L'EXPLORATION POLAIRE

Roald Amundsen est né le 16 juillet 1872 à Borge, à quelques kilomètres d'Oslo (Norvège). Son père fait du commerce maritime et arme des navires. À la mort de ce dernier, sa mère, qui espère mieux pour son dernier fils que le destin de marin, tente de convaincre Roald Amundsen de faire des études de médecine. Celui-ci, grand skieur, féru de littérature de voyage et de récits des premiers exploits polaires en particulier, cède à la pression maternelle. Mais lorsque sa mère décède, il met un terme à ses études à l'âge de 21 ans, et s'embarque sur des phoquiers et des baleiniers afin de faire ses armes dans la marine. En 1897, il appareille comme second lieutenant à bord du *Belgica*, un phoquier commandé par le commandant Adrien de Gerlache de Gomery (explorateur et marin belge, 1866-1934). Ce dernier désire effectuer l'exploration scientifique de l'Antarctique. Parti en octobre 1897, le bateau et son équipage effectuent le premier hivernage de l'histoire dans la région.

En 1903, Roald Amundsen part à nouveau, mais cette fois pour son propre compte. Il affrète un navire de pêche, le *Gjøa*, afin de tenter l'ouverture du passage reliant l'Atlantique et le Pacifique nord. Il met à profit son amitié avec Fridtjof Nansen (scientifique et explorateur norvégien, 1861-1930) et les discussions qu'ils ont eues au sujet du magnétisme terrestre pour donner une caution scientifique à cette expédition, qui doit permettre la localisation du pôle magnétique (point de convergence des lignes de champ magnétique). En août 1906, le *Gjøa* arrive en Alaska, ayant ainsi franchi le premier les mers glacées du passage du Nord-Ouest.

À L'ASSAUT DU PÔLE SUD

Roald Amundsen souhaite désormais tenter la conquête du pôle Nord grâce aux techniques de déplacement sur glace qu'il a pu expérimenter en Antarctique (ski en particulier) et auprès des Inuits (traîneaux et chiens). Son ami Fridtjof Nansen accepte de lui prêter le *Fram*, le navire avec lequel il a parcouru pendant trois ans l'océan Arctique. Mais Roald Amundsen, devancé dans la course au pôle par Frederick Cook (médecin et explorateur américain, 1865-1940) et surtout par Robert Peary, change rapidement ses plans. S'il ne peut être le premier à rallier le pôle Nord, alors il sera le premier à rejoindre le pôle Sud. Dix-huit mois après son départ, Roald Amundsen et son équipe traversent le continent antarctique et atteignent le pôle en décembre 1911. En 1918, il repart dans les mers arctiques et franchit le passage du Nord-Est, entre l'Atlantique et le Pacifique par le nord de la Russie.

Passionné d'aviation, il survole le pôle Nord le 12 mai 1926 à bord du *Norge*, un dirigeable construit par Umberto Nobile (ingénieur aéronautique et explorateur italien, 1885-1978). Après cet exploit, Roald Amundsen prend sa retraite. Mais en juin 1928, Umberto Nobile, qui a construit un nouveau dirigeable, se retrouve bloqué sur la banquise et Roald Amundsen accepte de porter secours à celui qui fut son ami. Il décolle avec un équipage français le 18 juin 1928, mais l'avion disparaît quelques heures plus tard, aux environs de l'île aux Ours, dans la mer de Barents, emportant avec lui l'explorateur et tous les membres de l'équipage.

Roald Amundsen a donc passé la plus grande partie de sa vie à courir le monde polaire et à raconter, lors de conférences ou dans ses livres, ses expéditions, renonçant à toute vie maritale ou familiale pour se consacrer à sa passion.

CONTEXTE POLITIQUE, SOCIAL ET ÉCONOMIQUE

LA NORVÈGE, DE LA FIN DU XIXe AU DÉBUT DU XXe SIÈCLE

À la fin du XIXe siècle, la Norvège, où naît Roald Amundsen, est liée à la Suède suite à l'union personnelle des deux pays proclamée en 1814. Elles constituent donc un seul et même royaume, dirigé par un souverain unique, tout en conservant une large autonomie. Si les affaires étrangères sont sous l'autorité du roi, la Norvège dispose d'un parlement particulier, le Storting, qui a toute autorité en ce qui concerne les affaires nationales. On constate toutefois dans les dernières années du siècle l'essor de la gauche libérale, qui combat activement pour obtenir des réformes démocratiques, tout en affirmant sa volonté indépendantiste. Des tensions de plus en plus fortes émaillent alors les relations entre la Suède et la Norvège qui aboutissent, en juin 1905, à la rupture de l'union personnelle, confirmée par un vote populaire en août, et à la désignation d'un roi de Norvège au mois de novembre.

Durant la première moitié du XXe siècle, la vie politique est toujours animée par la gauche (développement du socialisme, du syndicalisme, création d'un système d'assurance maladie). Lorsqu'éclate la Première Guerre mondiale (1914-1918), la Norvège choisit la neutralité. À l'issue du conflit, l'un de ses ressortissants, l'explorateur polaire Fridtjof Nansen est nommé président de la délégation norvégienne à la Société des Nations, puis premier haut-commissaire pour les réfugiés en 1921. Son travail est récompensé un an plus tard par le prix Nobel de la paix.

L'économie norvégienne, qui repose d'abord sur la pêche et l'agriculture et sur un commerce maritime florissant, est marquée dans la seconde moitié du XIXe siècle par la révolution industrielle, qui a également lieu dans le reste de l'Europe. Celle-ci bénéficie à l'industrie textile, mais aussi à la métallurgie et à la construction mécanique dont l'essor est favorisé par le développement de l'énergie hydro-électrique.

LES PROGRÈS TECHNIQUES

La révolution industrielle permet de nombreuses avancées techniques, en particulier dans les transports. Si le rail norvégien connaît une profonde évolution, il en va de même pour la construction navale. Tout comme la découverte du continent américain a été favorisée par la création des caravelles, la conquête des pôles doit beaucoup à l'amélioration des bateaux. En effet, l'exploration des régions polaires est d'abord freinée par l'hiver glacial et la crainte d'être bloqué dans la banquise. À partir des années 1840, les premières coques en métal apparaissent et remplacent le bois, trop fragile. La voile est également améliorée, voire remplacée par des moteurs à vapeur qui permettent une puissance de propulsion suffisante et autonome pour briser la glace. Les premiers navires conçus pour la banquise sont les *HMS Erebus* et *Terror* de la *Royal Navy* qui, après avoir parcouru la banquise antarctique avec succès en 1843, disparaissent lors de la tentative de franchissement du passage du Nord-Ouest deux ans plus tard. En outre, grâce à l'installation de l'électricité et du chauffage à bord, l'hivernage est enfin possible. Le *Fram* de Fridtjof Nansen, qui dispose d'une coque ronde afin de lui permettre d'être porté par la glace et non d'être brisé par elle, reste ainsi posé sur la banquise arctique, avec laquelle il dérive durant tout l'hiver 1893.

La révolution des transports marque aussi la naissance et le développement de l'aviation. La première traversée transatlantique avec escales a lieu en 1919, et les tentatives ainsi que les exploits à bord d'engins comme les biplans, les hydravions ou encore les ballons dirigeables se poursuivent pendant les années vingt.

L'AVÈNEMENT DE L'EXPLORATION SCIENTIFIQUE

Les grands voyageurs sont avant tout poussés par le goût de l'aventure, de l'exploit et de la découverte. Au XIXe siècle, la quasi-totalité de la planète a été explorée et, hormis certaines régions difficiles d'accès en Amérique du Sud, seules les régions polaires restent pratiquement inconnues. C'est sur celles-ci que se fixe l'imaginaire du temps, au travers de romans, comme *Frankenstein ou le Prométhée moderne* de Mary Shelley (1818), *Les Aventures d'Arthur Gordon Pym* d'Edgar Allan Poe (1838), *Voyages et aventures du capitaine Hatteras* (1866) ou *Le Sphinx des glaces* (1897) de Jules Verne, et enfin les romans de Jack London qui se passent dans le Grand Nord. Les récits des premiers voyages (expéditions *Polaris* au Nord en 1871, *Terror et Erebus* au Sud en 1839-1843, celle de Jules Dumont d'Urville en 1840) se diffusent également largement dans les journaux, ou encore par le biais de conférences et d'ouvrages.

Si les explorateurs se nourrissent de l'esprit de leur époque, ils ont besoin du soutien de mécènes pour financer leurs expéditions. Jusque-là, ces derniers étaient surtout motivés par la possibilité de tirer profit des ressources découvertes. Si une telle ambition reste encore à l'ordre du jour au XIXe siècle, l'intérêt scientifique domine désormais. Ainsi, lorsque Meriwether Lewis (soldat et explorateur américain, 1774-1809) et William Clark (soldat et explorateur américain, 1770-1838) sillonnent l'Ouest des États-Unis entre 1804 et 1806, et même si leur expédition permettra l'exploitation du vaste territoire révélé, leur but premier est de recueillir des informations botaniques, géographiques et ethnologiques. Il en est de même pour le grand voyage du *Beagle* (1831-1836), un navire britannique ayant à son bord une équipe de scientifiques dont le célèbre Charles Darwin (naturaliste anglais, 1809-1882). La conquête des pôles, qui n'ont *a priori* aucun intérêt économique, constitue donc un enjeu scientifique, mais est également l'occasion pour une poignée d'aventuriers d'exprimer à la fois leur puissance héroïque, par un dépassement physique, et leur intelligence, par l'observation et le recueil de données météorologiques, océanographiques et géophysiques.

LA COMPÉTITION INTERNATIONALE

Mais la conquête des terres septentrionales et australes fait l'objet d'une compétition internationale qui ne repose pas seulement sur la science. Ce type d'exploits permet en effet de placer un État sur l'échiquier politique mondial, une grande nation se mesurant à l'aune de ses prouesses. Aussi les Britanniques, les Américains, les Français, les Norvégiens et même les Japonais et les Belges se succèdent et se croisent dans la course aux pôles Nord et Sud. L'enjeu économique, même s'il est moindre que dans les siècles précédents, n'en est pas moins présent tout particulièrement pour les pays scandinaves qui n'ignorent pas la possibilité de l'exploitation des ressources marines. Découvrir de nouveaux territoires, c'est l'occasion de pouvoir se les approprier et d'en jouir.

Autre enjeu, le passage du Nord-Ouest entre l'Atlantique et le Pacifique, en passant par le Nord du Canada et de l'Alaska, qui, s'il est ouvert, permettrait de faire pendant à la route maritime au Nord-Est qui longe la Russie. Tout comme la découverte du continent américain s'est faite lors de la recherche d'un passage entre l'Europe et l'Asie, tout comme Magellan a découvert le passage austral entre l'océan Atlantique et l'océan Pacifique, la recherche d'un passage entre les deux océans au nord occupe les pensées depuis le xve siècle et les tentatives de Jean Cabot (navigateur et explorateur vénitien, vers 1450-1498), Vitus Bering (explorateur danois, 1681-1741), George Vancouver (navigateur britannique, 1757-1798) ou encore Robert McClure (explorateur irlandais, 1807-1873) en sont la preuve.

C'est dans ce contexte où se mêlent progrès techniques, essor de la recherche scientifique et goût de l'exploit aiguillonné par la compétition que s'inscrivent les expéditions de Roald Amundsen.

LES EXPÉDITIONS
DE ROALD AMUNDSEN

L'EXPÉDITION ANTARCTIQUE
DU *BELGICA* (1897-1899)

Entre 1894 et 1897, le Belge Adrien de Gerlache de Gomery, marin passionné d'exploration et fasciné par l'Antarctique, prépare un projet de découverte du continent. Le gouvernement belge, qui se consacre alors à la colonisation de l'Afrique, ne lui offre qu'un maigre financement qui lui permet tout juste d'aménager un ancien trois-mâts de pêche groenlandais sur lequel il effectue quelques améliorations : la coque est renforcée pour subir l'assaut de la glace et la briser, et un moteur est ajouté. À l'intérieur, des cabines et des laboratoires sont prévus. Au moment de réunir son équipage, Adrien de Gerlache accepte la candidature de Roald Amundsen, et recrute également le médecin Frederick Cook qui a accompagné Robert Peary en Arctique. Rapidement, les deux hommes deviennent amis, et Frederick Cook lui transmet son savoir relatif aux pratiques inuites, telles que l'utilisation des chiens de traîneau. Le navire, chargé de plusieurs tonnes de vivres et d'instruments scientifiques, appareille le 16 août 1897 du port d'Anvers (Belgique). Il parvient dans les eaux antarctiques cinq mois plus tard à la fin du mois de janvier 1898. Il sillonne ensuite les archipels, permettant à l'équipage de se livrer à des prises de mesures, à des relevés cartographiques ainsi qu'à des observations météorologiques, botaniques et zoologiques.

Encouragé par la réussite de ces premières semaines de navigation, Adrien de Gerlache décide de poursuivre la route encore plus au sud. Le 13 février, le *Belgica* franchit le cercle polaire antarctique.

Deux semaines plus tard, s'aventurant dans la banquise disloquée, il se trouve pris par les glaces et ne peut regagner le large. Commence alors le premier hivernage en Antarctique. Le bateau est aménagé pour résister au froid, les hommes s'organisent pour maintenir une activité quotidienne, à la fois scientifique et de survie (pêche, chasse, pompage de l'eau, etc.) afin de surmonter la dépression due à l'absence de soleil. Mais le scorbut et l'anémie inquiètent Frederick Cook qui encourage la consommation de viande de phoque. Si les quantités de nourriture embarquées étaient conséquentes au moment du départ, la durée de l'hivernage les amenuise. Le printemps antarctique ne permet pas encore au *Belgica* de quitter la banquise et les hommes craignent de devoir subir un second hivernage. Après avoir dû creuser un canal de plus de 400 mètres de long pour rejoindre l'eau libre, le *Belgica* reprend enfin la mer en mars 1899. De retour en Belgique en novembre, l'équipage, qui a vécu le premier hivernage en Antarctique, est salué pour son exploit et pour la richesse de ses relevés scientifiques.

LE PASSAGE DU NORD-OUEST (1903-1906)

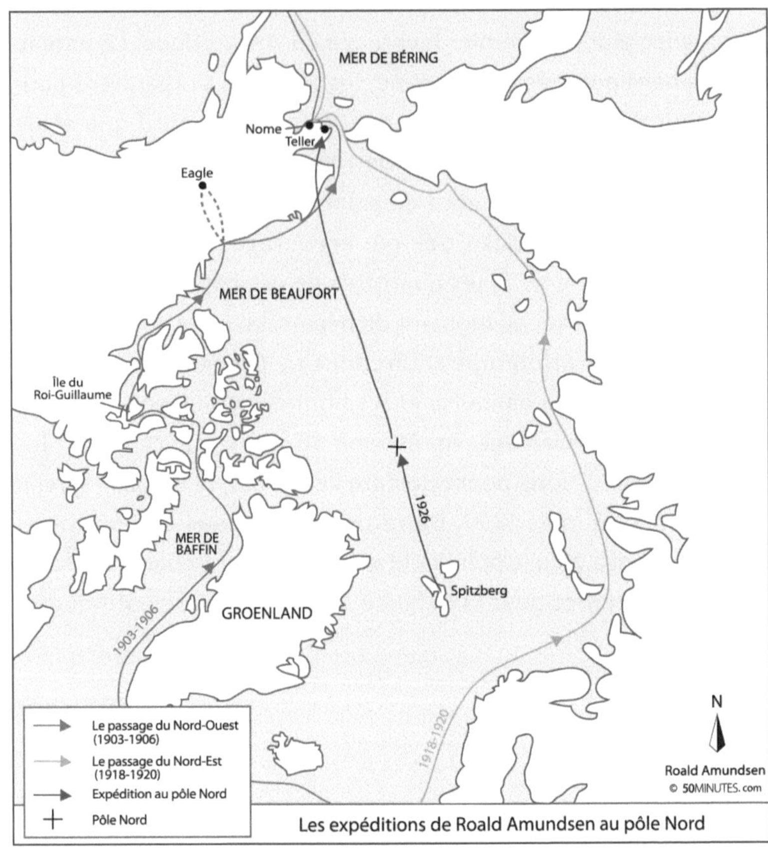

Les expéditions de Roald Amundsen au pôle Nord

Après son baptême polaire avec l'expédition belge, Roald Amundsen obtient son brevet de capitaine au long cours et décide de monter sa propre expédition afin d'ouvrir le passage du Nord-Ouest. Le franchissement terrestre de celui-ci remonte au début du XIXe siècle, mais jusqu'à présent tous les explorateurs qui ont tenté la voie maritime, bloquée par les glaces, ont échoué. Ce voyage est également l'occasion pour Roald Amundsen d'étudier le magnétisme terrestre. Il arme donc un petit navire de pêche, le *Gjøa*, recrute six hommes d'équipage et quitte la Norvège le 16 juin 1903.

Lors de la préparation du voyage, il prévoit de jeter l'ancre dans des stations de ravitaillement approvisionnées par des baleiniers, et en profite pour embarquer une vingtaine de chiens de traîneau. Après avoir longé le Groenland, traversé la mer de Baffin qui le sépare du Canada, et connu une navigation difficile en raison de la présence d'icebergs, les eaux peu profondes où il s'échoue à deux reprises, le brouillard et un incendie, le navire s'immobilise dans une anse protégée de l'île du Roi-Guillaume, baptisée pour l'occasion *Gjøahaven*, le « havre du *Gjøa* ». C'est là que l'équipage effectue son premier hivernage.

Alors que les scientifiques mettent à profit ce temps pour effectuer des observations magnétiques et astronomiques, Roald Amundsen mène plusieurs explorations pour déterminer la position, mobile, du pôle magnétique, et pour aller à la rencontre du peuple inuit, dont il apprend les pratiques de survie dans les grands froids (locomotion, alimentation, habillement). Fort de la réussite de ce premier hivernage, l'équipage décide de rester une saison de plus afin de poursuivre ses recherches. Le *Gjøa* ne quitte l'île du Roi-Guillaume qu'au mois d'août 1905 et parvient à rejoindre la mer de Beaufort, au nord de l'Alaska. Le passage du Nord-Ouest est dès lors ouvert.

Le *Gjøa* une nouvelle fois immobilisé par la banquise, Roald Amundsen quitte le bateau pendant près de quatre mois pour franchir en traîneau et à ski les quelque 800 kilomètres qui le séparent de Fort Egbert, situé près de la ville d'Eagle en Alaska, afin de télégraphier son succès, le 5 décembre 1905. Mais ce nouvel hivernage met à rude épreuve les hommes et le navire. Ils parviennent toutefois à appareiller en juillet 1906, soit quatre mois après le retour de Roald Amundsen à bord, franchissent le détroit de Béring, accostent dans la petite ville de Nome (Alaska) à la fin du mois d'août 1906 et parviennent enfin à San Francisco au mois d'octobre. Roald Amundsen y laisse le *Gjøa*, qui devient un musée, et effectue le chemin de retour vers une Norvège devenue indépendante, avec son équipage, à bord d'un navire de commerce.

LA COURSE AU PÔLE SUD

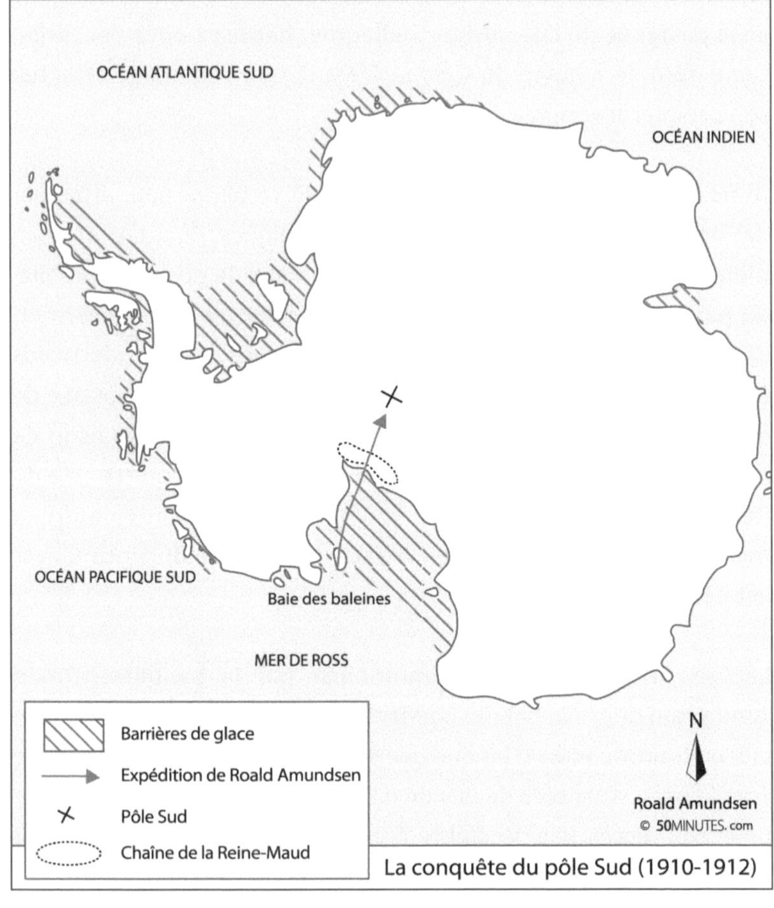

La conquête du pôle Sud (1910-1912)

Après ce premier exploit, Roald Amundsen se lance un nouveau défi : atteindre le pôle Nord en traîneau. S'il a peiné à rassembler les fonds nécessaires pour financer l'expédition du *Gjøa*, il en va tout autrement pour ce nouveau périple. Auréolé de son succès du passage du Nord-Ouest, il reçoit le soutien de son ami Fridtjof Nansen qui lui offre son bateau, le *Fram*, spécialement conçu pour ses explorations arctiques. Entre 1908 et 1909, il prépare à nouveau minutieusement son projet, rassemblant des vivres, du matériel scientifique, de l'équipement, des chiens, des skis et des traîneaux. Mais en septembre 1909, son ami Frederick Cook, puis l'explorateur Robert Peary déclarent tous deux avoir atteint le pôle Nord, le premier en avril 1908 et le second un an plus tard. Si la réalité des faits est aujourd'hui controversée, cette nouvelle incite Roald Amundsen à changer de cap et à se lancer dans la course au pôle Sud, objectif également poursuivi par l'Anglais Robert Falcon Scott (officier de la *Royal Navy* et explorateur britannique, 1868-1912).

Ce dernier quitte l'Angleterre le 1er juin 1910 à bord du *Terra Nova*, tandis que Roald Amundsen part de Norvège une semaine plus tard. Il n'annonce officiellement la véritable destination du *Fram* qu'au mois de septembre alors qu'il fait escale dans l'île de Madère. Au mois de janvier 1911, le *Fram* arrive dans la baie des Baleines, située dans la mer de Ross, à plusieurs milliers de kilomètres du sud de la Nouvelle-Zélande. L'équipe destinée à atteindre le pôle Sud s'installe pour hiverner, tandis que le *Fram* reprend la mer afin d'effectuer une campagne océanographique de plusieurs mois. Les hommes restés à terre, menés par Roald Amundsen, organisent un camp de base important, nommé le Framheim, du nom du bateau. Celui-ci s'organise autour d'une cabane préfabriquée qui contient des chenils, une forge, une menuiserie et des réserves de nourriture. Plusieurs expéditions partent du camp afin de reconnaître le terrain et de disposer des relais de ravitaillement. Après la nuit polaire du printemps et un retard d'un mois sur la date prévue initialement, dû à des températures trop rigoureuses, l'expédition finale prend enfin le départ le 19 octobre 1911. L'équipement et les vivres, soit près d'une tonne de matériel, sont disposés sur quatre traîneaux tirés par 52 chiens, tandis que les cinq hommes, Roald Amundsen, Helmer Hanssen (1870-1956), Oscar Wisting (1871-1936), Olav Bjaaland (1873-1961) et Sverre Hassel (1876-1928) progressent à ski. La météo est favorable et les premières semaines sont aisées. La difficulté se précise lors de la traversée d'une chaîne de montagnes et de glaciers, que Roald Amundsen baptise « chaîne de la Reine-Maud », en hommage à la reine de Norvège, et « Salle de bal du Diable » tant le franchissement de ce plateau glaciaire est ardu. L'ascension est rendue plus complexe encore par le brouillard, les tempêtes de neige et une importante chute des températures. Le 14 décembre 1911, Roald Amundsen et son équipe parviennent enfin au pôle Sud, après une traversée de 1 400 kilomètres. Ils y installent une tente noire dans laquelle ils laissent une lettre au roi Haakon VII de Norvège (1872-1957) et une plaque portant le nom des cinq hommes ayant réalisé l'expédition, plantent un drapeau de la Norvège, et prennent le chemin du retour. Lorsqu'ils arrivent à la base, où le *Fram* les attend, il ne reste plus que deux traîneaux et onze chiens. Après avoir fait escale en Tasmanie, d'où Roald Amundsen annonce officiellement son triomphe, le *Fram* et son équipage terminent leur voyage à Buenos Aires en mai 1912.

Robert Falcon Scott quant à lui, parti le 1er novembre de son camp de base de l'île de Ross, n'atteint le pôle que le 17 janvier 1912 pour y découvrir les signes de sa défaite. Le retour de son expédition est tragique. Moins bien équipés qu'Amundsen et défavorisés par une météo exécrable, les hommes de l'équipe de Scott sont décimés les uns après les autres, et leurs corps gelés sont retrouvés huit mois plus tard, plongeant l'Empire britannique, mais également le monde des explorateurs polaires, dans le deuil.

L'EXPLORATION AÉRONAUTIQUE

Le succès de Roald Amundsen et sa notoriété lui permettent de faire construire son propre navire, le *Maud*, avec lequel il tente, entre 1918 et 1920, de franchir le passage du Nord-Est, entre l'Atlantique et le Pacifique, en passant au nord de la Russie. Mais cette expédition, si elle est finalement couronnée de succès et fait de Roald Amundsen le premier homme à avoir fait le tour de l'océan Arctique par l'est et par l'ouest, est une succession d'ennuis : hivernage précoce, souci de santé pour Roald Amundsen (fractures, intoxication), et avarie de moteur. Renonçant à son projet de dérive en Arctique, il laisse le *Maud* et son équipage à Seattle et se lance dans sa nouvelle passion, l'aéronautique. Ayant obtenu son brevet de pilote en 1918, soutenu financièrement par le Parlement norvégien et Fridtjof Nansen, il fait l'acquisition d'un avion de modèle *Junkers*. Mais son premier vol entre New York et Seattle, qui devait lui permettre de rejoindre le *Maud*, se termine dans les champs de Pennsylvanie.

Il persiste néanmoins, obtient un deuxième avion et s'entraîne à décoller et à atterrir sur la glace en Alaska, mais sans grand succès. À l'automne 1923, il fait la connaissance de Lincoln Ellsworth (explorateur américain, 1880-1951). Le père de celui-ci, James Ellsworth, un riche exploitant minier et banquier américain, finance deux nouveaux engins, deux hydravions *Dornier N24 et N25*, tandis que Lincoln Ellsworth partage son expérience de pilote. Les deux hommes et leur équipage décollent du Spitzberg (Groenland) le 12 mai 1925, mais échouent à près de 250 kilomètres du pôle, suite à des avaries sur les deux avions. Il leur faut près de trois semaines et un travail de titan pour créer une piste sur la glace permettant au *N25* de redécoller et de ramener l'équipage au Spitzberg. En mai 1926, Roald Amundsen réitère sa tentative, toujours avec ses amis Lincoln Ellsworth et Oscar Wisting, cette fois à bord d'un ballon dirigeable, le *Norge*, construit et piloté par Umberto Nobile. Partis du Spitzberg le 11 mai et arrivés en Alaska le 14, ils atteignent le pôle Nord le 12 mai 1926, où ils plantent les drapeaux norvégien, américain et italien.

LE DERNIER VOL

Devancé dans le survol en avion du pôle Nord par l'Américain Richard Byrd (marin, aviateur et explorateur américain, 1888-1957), Roald Amundsen souhaite terminer sa carrière sur cette demi-victoire et prend sa retraite, se consacrant alors à l'écriture, aux conférences et au soutien d'autres expéditions. Il prend ses distances avec Umberto Nobile, qui a construit un nouveau dirigeable, l'*Italia*. Mais lorsqu'il apprend que son ancien ami s'est écrasé sur la banquise alors qu'il effectuait un vol scientifique dans l'Arctique le 25 mai 1928, il lance une opération de sauvetage. Il décolle le 18 juin à bord d'un avion piloté par le Norvégien Leif Dietrichson (1890-1928), qui a participé à l'expédition aérienne d'Amundsen et d'Ellsworth en 1925 et devait également prendre part au vol du *Norge*. Accompagnés de quatre Français, les six hommes disparaissent le jour même dans les eaux de la mer de Barents, près de l'île aux Ours. Aucun ne survit. Umberto Nobile est, quant à lui, secouru par un aviateur suédois et ses hommes ramenés par un brise-glace russe.

RÉPERCUSSIONS

Les exploits de Roald Amundsen, comme ceux des grands explorateurs contemporains, ont bénéficié d'une grande couverture médiatique, en particulier grâce à la photographie et à la presse. Si elle permet la notoriété, et par voie de conséquence le mécénat indispensable au financement des expéditions, elle peut également créer ou alimenter des controverses et servir des objectifs politiques qui dépassent la portée première des découvertes.

LES CONTROVERSES

Si aujourd'hui l'aventure de l'explorateur norvégien semble marquée par le courage et une certaine forme d'héroïsme, elle a été en son temps l'objet d'un certain nombre de controverses, en particulier lors de la course au pôle Sud qui a coûté la vie à l'Anglais Robert Scott. C'est en effet à travers le prisme de cette tragédie que la presse, britannique et américaine essentiellement, a jaugé l'exploit de Roald Amundsen. Il lui a été reproché d'avoir lancé sa campagne sur un mensonge, prétextant faire route vers le nord et n'annonçant que tardivement son départ pour l'Antarctique. Robert Scott, qui était parti pour une exploration, se trouve ainsi malgré lui engagé dans une course. En outre, ce qui fut l'une des clés du succès de Roald Amundsen, l'utilisation de chiens de traîneaux et surtout leur sacrifice programmé pour nourrir les autres chiens, face à Robert Scott qui a utilisé des poneys et des chiens dont il fit tout pour assurer le ravitaillement, entache également la réputation de l'explorateur norvégien.

Cet exemple particulier pointe une attitude plus générale : Roald Amundsen est très vite passé de l'exploration scientifique à des expéditions où l'exploit sportif et le goût du défi dominent, ce qui lui a valu la critique de certains de ses contemporains quant à une attitude qu'ils estiment plus compétitrice que motivée par le goût de la recherche et de la découverte.

LE PRESTIGE NORVÉGIEN

Le gouvernement norvégien a largement participé au financement des expéditions de son célèbre ressortissant, et ce pour diverses raisons. La première est politique. Le tout jeune État doit en effet se positionner sur l'échiquier nord-européen, puis mondial. Après avoir été rattaché au Danemark et par la suite à la Suède, il doit maintenant s'affirmer en tant que puissance indépendante. Il acquiert cette renommée internationale grâce à Fridtjof Nansen, qui, après s'être illustré comme scientifique et explorateur avec la dérive arctique du *Fram*, représente la Norvège à la Société des Nations. Les explorateurs comme Fridtjof Nansen et Roald Amundsen participent donc d'abord à une renommée symbolique d'une Norvège inscrite par sa culture dans la grande région circumpolaire.

Mais cette identité doit également reposer sur des bases territoriales afin d'assurer la réussite économique du pays (par l'exploitation des ressources de l'océan Arctique et la gestion des routes maritimes) et son rayonnement international. Aussi, dès les années vingt, la Norvège se lance dans une politique d'expansion, en particulier au Groenland, utilisant la primauté des découvertes réalisées par ses explorateurs pour revendiquer la possession des régions arctiques, aussi bien terrestres que maritimes.

Enfin, la presse norvégienne, qui participe également à l'élaboration d'une conscience nationale, finance certaines expéditions de Roald Amundsen, qui a des liens avec Rolf Thommessen (1879-1939), un important patron de presse, et qui s'en fait le relais efficace. Sa médiatisation sert donc les intérêts de l'explorateur tout en mettant son image de héros national au service des stratégies politiques, économiques et diplomatiques de son pays.

LE RETOUR À LA SCIENCE

Malgré les controverses, les inévitables parts d'ombre et les critiques inhérentes au statut des personnages célèbres, les exploits de Roald Amundsen s'inscrivent dans le développement de la science internationale. Les études menées lors de l'expédition du *Gjøa*, du *Fram*, puis du *Maud* ont toutes leur place dans la connaissance des régions polaires, aussi bien du point de vue géographique que climatologique. En 1882-1883, la première année polaire internationale (événement destiné à promouvoir l'étude des régions polaires) lance la coopération internationale pour le recueil de données de glaciologie, de météorologie et de géophysique qui se poursuit tout au long du XXe siècle. La contribution de Roald Amundsen à ce vaste programme scientifique est consacrée par le baptême de la station scientifique américaine *Amundsen-Scott* en Antarctique en 1956, du nom des deux explorateurs du pôle Sud, et par le brise-glace canadien *NGCC Amundsen* dédié à la recherche scientifique en Arctique.

EN RÉSUMÉ

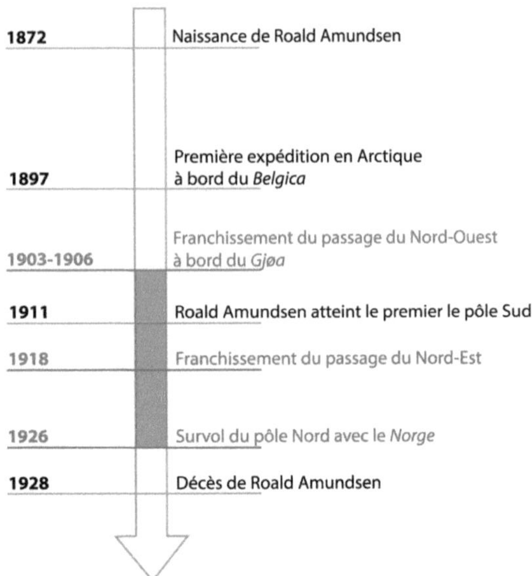

Roald Amundsen © 50MINUTES.com

- Roald Amundsen est un marin et un explorateur norvégien né en 1872 et mort en 1928.

- Après des études de médecine qu'il ne termine pas, il s'embarque sur des navires de chasse aux phoques afin de prendre du galon.

- Fort de cette expérience, il part en 1897 pour une première expédition en Antarctique à bord du *Belgica* de l'explorateur belge Adrien de Gerlache de Gomery.

- Entre 1903 et 1906, il franchit pour la première fois le passage du Nord-Ouest à bord du *Gjøa*.

- En décembre 1911, il atteint en premier le pôle Sud.

- En 1918, il franchit le passage du Nord-Est, devenant le premier explorateur à avoir traversé les deux passages entre l'Atlantique et le Pacifique nord.

- En 1926, Roald Amundsen survole le pôle Nord et effectue, avec le ballon dirigeable *Norge* conçu et commandé par l'Italien Umberto Nobile, la liaison entre la Norvège et l'Alaska.
- En 1928, il disparaît en mer de Barents avec l'équipage de l'avion français qui se porte au secours d'Umberto Nobile, dont le dirigeable s'est écrasé sur la banquise après avoir atteint le pôle Nord.

POUR ALLER PLUS LOIN

SOURCES BIBLIOGRAPHIQUES

- Amundsen (Roald), *Passage du Nord-Ouest*, Paris, Phébus, 1999.
- Amundsen (Roald), *Ma vie d'explorateur*, Mane, Futur Luxe Nocturne, 2010.
- Amundsen (Roald), *Carnets de voyage (1872-1928). Mémoires*, Waterloo, Jourdan, 2012.
- Amundsen (Roald), *Prisonniers de la banquise. L'aventure du N25*, Paris, Nicolas Chaudun, 2014.
- Hussenet (Emmanuel), *Rêveurs des pôles, les régions polaires dans l'imaginaire occidental*, Paris, Seuil, 2004.
- Mabire (Jean), *Roald Admunsen, le plus grand des explorateurs polaires*, Paris, Glénat, 1998.
- Rémy (Frédérique), *Histoire de la glaciologie*, Paris, Vuibert Adapt-Snes, 2008.
- Rémy (Frédérique), *Histoire des pôles*, Paris, Desjonquières, 1970.
- Stangeland (Hallvard), *Roald Amundsen's Expeditions From 1918 to 1926 in Media and Politics*, mémoire de master d'histoire, s. éd., Université d'Oslo, 2011.
- Ternaux (Jean-Pierre), *Aventures scientifiques aux pôles*, Paris, CNRS Éditions, 2009.
- Tréguer (Paul), *Trois marins pour un pôle*, Versailles, Éditions Quae, 2010.

SOURCES COMPLÉMENTAIRES

- « D'un pôle à l'autre », in *Science.gouv.fr. Le portail de la science*, consulté le 20 juin 2014.

- « Histoire de 4 années polaires… », in *Sciences aux extrêmes*, consulté le 20 juin 2014.
  http://sciences-extremes.u-strasbg.fr/
- « La conquête des pôles par Paul Emile Victor », in *L'Illustration*, consulté le 20 juin 2014.
  http://www.lillustration.com/La-Conquete-des-Poles-par-Paul-Emile-Victor_a54.html
- « Les sciences polaires », in *Dossier pédagogique réalisé par la Fondation polaire internationale*, consulté le 26 juin 2014.
  http://www.educapoles.org/assets/uploads/teaching_dossiers_files/sciences_polaires_fr.pdf
- ZIMMERMANN (Maurice), « Roald Amundsen », in *Annales de Géographie*, t. 38, n° 212, 1929, p. 179-180.
- ZIMMERMANN (Maurice), « La découverte du pôle Sud par Roald Amundsen », in *Annales de Géographie*, t. 21, n° 117, 1912, p. 286-288.

DOCUMENTAIRES ET PHOTOGRAPHIES D'ARCHIVES

- *Roald Amundsen. Sur les traces du grand explorateur polaire*, documentaire de Rudolph Herzog, Allemagne, 2010.
- « Amundsen's South Pole Expedition », in *National Geographic*.
  http://video.nationalgeographic.com/video/magazine/ngm-amundsen-archival-video
- « Images d'archives de la course à la première exploration du pôle Sud », in *National Geographic*.
  http://www.nationalgeographic.fr/4705-images-darchives-de-la-course-a-la-premiere-exploration-du-pole-sud/
- « La conquête du pôle Sud », extrait du document « L'Antarctique », in *Ina.fr*.
  http://www.ina.fr/video/I11346052

50MINUTES

Art & Littérature

Business & Economi

Histoire & Société

SOYEZ LÀ
OÙ ON NE VOUS ATTEND PAS !

www.50minutes.com

© 50MINUTES, 2015. Tous droits réservés. Pas de reproduction sans autorisation préalable.
50MINUTES est une marque déposée.

www.50minutes.com

Éditeur responsable : Lemaitre Publishing
Rue Lemaitre 4 | BE-5000 Namur
info@lemaitre-editions.com

ISBN ebook : 978-2-8062-5466-5
ISBN papier : 978-2-8062-5644-7
Dépôt légal : D/2015/12603/45
Photo de couverture : réputée libre de droits.

Conception numérique : Primento,
le partenaire numérique des éditeurs